Dieses Buch gehört:

Luisa

Matthias von Bornstädt
mit Bildern von Linda Kohlbaum

Besuch von Tante Adelheid

Bibi Blocksberg

Lesen lernen

2. Klasse

ab 7 Jahren

Klett Lerntraining

Bibliografische Information der Deutschen Nationalbibliothek
Die Deutsche Nationalbibliothek verzeichnet diese Publikation in der Deutschen Nationalbibliografie; detaillierte bibliografische Daten sind im Internet über http://dnb.d-nb.de abrufbar.

Dieses Werk folgt der neuesten Rechtschreibung und Zeichensetzung.

Auflage 4 3 2 1 2012 2011 2010
Die letzten Zahlen bezeichnen jeweils die Auflage und das Jahr des letzten Druckes.

Redaktion: Jutta Dahn
Lizenz durch KIDDINX Merchandising GmbH
Winterhuder Weg 29, 22085 Hamburg
www.bibiblocksberg.de

www.klett.de/lernhilfen, www.diekleinenlesedrachen.de
Teamleiterin Lernhilfen Grundschule: Susanne Schulz
Redaktion: Jette Maasch
Umschlaggestaltung und Layout: Sabine Kaufmann, Stuttgart
Umschlagillustration: Linda Kohlbaum, Berlin
Satz: GreenTomato GmbH, Stuttgart
Druck: G. Canale & C. S.p.A., Turin
Printed in Italy
ISBN 978-3-12-949035-8

Inhalt

Ein überraschender Anruf

Es ist Freitagnachmittag.
Die Blocksbergs machen es sich
in ihrem Wohnzimmer gemütlich.

Plötzlich klingelt das Telefon.
Bernhard nimmt ab –
wer da wohl anruft?

„Grüß dich, mein lieber Bernhard!“, meldet sich eine ältere Frauenstimme. Sie gehört Tante Adelheid, einer entfernten Verwandten aus Bernhards Familie. Bernhard nimmt am Hörer Haltung an.

Er räuspert sich,
dann sagt er laut und betont:
„Welche Freude, von dir zu hören!
Was verschafft mir die Ehre?“

Tante Adelheid erzählt:
„Ich bin ein paar Tage in Neustadt.
Wäre es nicht nett,
wenn ich dich und deine Familie
morgen zum Kaffee besuchen würde?“
„Oh, ja, aber natürlich!“,
stimmt Bernhard schnell zu.
„Es wäre uns ein Vergnügen!“

Nach dem Telefonat
unterhält sich die Familie.
Bibi hat eine Idee:
„Ich könnte der Tante etwas vorhexen!
Einen tanzenden Rasenmäher!
Und eine fliegende Schubkarre!“
Bernhard fällt ihr empört ins Wort:
„Kommt gar nicht in Frage!
Wir benehmen uns
wie eine ganz normale Familie!
Nicht, dass in meiner Verwandtschaft
schlecht über uns geredet wird!“

Auf so einen Tantenbesuch
hat Bibi natürlich wenig Lust.
Aber ihrem Vater scheint es
ziemlich wichtig zu sein!
Darum verspricht Bibi,
sich von ihrer besten Seite zu zeigen.

Besuch steht vor der Tür

Am Samstagmorgen
stürzt sich Bernhard
in eifrige Vorbereitungen.
Das Kaffeetrinken
soll im Garten stattfinden.
Bernhard stellt den Rasensprenger auf
und streicht ein paar Zaunlatten,
von denen die Farbe abblättert.

Bibi und Barbara
backen derweil einen Marmorkuchen.
„Komisch, dass Papi so nervös ist!“,
wundert sich Bibi.
„Hm…, vielleicht fühlt er sich
an früher erinnert“,
vermutet Barbara schmunzelnd.
„Als kleiner Junge hatte er bestimmt
eine Menge strenger Tanten!“

Als Bibi wenig später
den Kuchen in den Ofen schiebt,
klingelt es plötzlich!
Barbara schaut auf die Uhr und ruft:
„Sie ist fast eine Stunde zu früh!"
Da platzt Bernhard in die Küche.

„Schnell, Barbara,
hexe mich in Hemd und Hose!“,
verlangt er atemlos.
Barbara stutzt:
„Hexen …? Aber ich dachte …“
„Es ist ein Notfall! Bitte!“,
drängelt Bernhard.
Natürlich hext Barbara sofort
ihren Mann in ordentliche Kleidung.
Dann läuft die ganze Familie
aufgeregt zur Tür.

Tante Adelheid sieht genau so aus,
wie Bibi sie sich vorgestellt hat:
Sie trägt ein altmodisches Kostüm
und ein Damenhütchen.
Den Mund kneift sie streng zusammen,
als würde sie auf eine Zitrone beißen.

„Einen schönen guten Tag!“,
sagt Tante Adelheid zur Begrüßung
und verzieht ihren Mund
zu einem schmalen Lächeln.
Die Blocksbergs lächeln steif zurück.
Das kann ja heiter werden ...!

Das verhexte Kaffeetrinken

Als erstes lässt sich Tante Adelheid
den ganzen Garten zeigen.
Dabei passiert ein Missgeschick:
Ohne es zu merken,
streift Tante Adelheid
eine frisch gestrichene Zaunlatte.
Nun sind lauter graue Flecken
hinten auf ihrem Rock!

Als Bernhard das sieht,
beugt er sich zu Barbara
und raunt verschwörerisch:
„Hex-hex…!“
Hastig murmelt Barbara einen Spruch,
der die Farbe verschwinden lässt.

Da bemerkt Bibi
einen beißenden Geruch.
Er dringt aus dem Küchenfenster.
„Oh nein! Der Kuchen!“,
ruft Bibi und rennt in die Küche.
Doch zu spät:
Der Kuchen hat bereits
eine kohlrabenschwarze Kruste!

Zum Glück fällt Bibi ein Spruch ein:
„Eene meene Schwefelbrei,
Kuchen wieder saftig sei!
Hex-hex!“
Schon löst sich die schwarze Kruste
in Luft auf.

Allerdings hätte Bibi besser
keinen Schwefel-Hexspruch benutzt!
Als die Tante den Kuchen kostet,
kräuselt sie verwundert die Lippen:
„Was ist denn das für ein Aroma?
Schmeckt irgendwie nach Schwefel…“

Bernhard wirft Bibi
einen ärgerlichen Blick zu.
„Oder bilde ich mir das nur ein?“,
fragt Tante Adelheid und seufzt:
„Von dieser Hitze heute
wird einem ganz komisch im Kopf!“

Sofort schießt Bernhard vom Stuhl
und ruft hektisch:
„Ich hole uns einen Sonnenschirm!“

In seiner Eile stolpert Bernhard
über den Schlauch des Rasensprengers.
Wutsch!
In hohem Bogen
wirbelt der Sprenger durch die Luft.

Er verpasst der Kaffeerunde
eine tüchtige Dusche!
Alles wird pitschnass.

Auweia!
Was wird Tante Adelheid dazu sagen?
Bernhard Blocksberg
sieht seine Tante besorgt an.

Doch welche Überraschung:
Tante Adelheid
fängt schallend an zu lachen!
Sie schüttelt sich richtig,
bis ihr das Hütchen vom Kopf fällt.
Zwischen den grauen Haaren
leuchten zwei rote Haarsträhnen!
Bibi und ihre Eltern
sehen sich erstaunt an.

„Ach, wisst ihr,
eigentlich bin ich gar nicht so“,
gibt Tante Adelheid zu
und lächelt verlegen.
„Ich habe mich nur so gegeben,
weil Bernhard am Telefon
ungeheuer steif klang!
Da dachte ich,
dass es bei euch wohl
sehr förmlich zugeht.“

Das Ganze war also
ein großes Missverständnis.
Von nun an verbringen alle
einen schönen, lockeren Nachmittag
Sie essen sogar den Marmorkuchen,
der ziemlich matschig geworden ist.
Doch dazu sagt Tante Adelheid nur
mit einem Augenzwinkern:
„Tja, hexen müsste man können, was?“

Hexen-Quiz

1 Was möchte Bibi Tante Adelheid vorhexen?

- ◯ einen tanzenden Rasensprenger
- ◯ einen tanzenden Rasenmäher
- ◯ einen tanzenden Rasentrimmer

2 Was für einen Kuchen backen Bibi und ihre Mutter?

- ◯ einen Mandelkuchen
- ◯ einen Maulwurfkuchen
- ◯ einen Marmorkuchen

3 An welchem Wochentag kommt Tante Adelheid zu Besuch?

- ◯ am Samstag
- ◯ am Freitag
- ◯ am Sonntag

4 **Was möchte Bernhard von Barbara angehext bekommen?**

- ◯ Hut und Fliege
- ◯ Hose und Schuhe
- ◯ Hemd und Hose

5 **Welches Missgeschick passiert, als sich die Tante an den Zaun lehnt?**

- ◯ Der Zaun kippt um.
- ◯ Die Zaunfarbe färbt ab.
- ◯ Tante Adelheids Rock bleibt kleben.

6 **Was geht beim Kuchenbacken schief?**

- ◯ Der Kuchen wird nicht fest.
- ◯ Der Kuchen geht nicht auf.
- ◯ Der Kuchen verbrennt.

7 **Wie reagiert Tante Adelheid auf die plötzliche Dusche?**

- ◯ Sie wirft ihr Hütchen in die Luft.
- ◯ Sie springt erschrocken auf.
- ◯ Sie fängt an zu lachen.

8 **Warum spricht Bernhard am Telefon laut und betont?**

- ◯ weil er besonders höflich klingen möchte
- ◯ weil Tante Adelheid nicht mehr so gut hört
- ◯ weil Bibi und Barbara im Hintergrund so laut sind

9 Warum sehen Bibi und ihre Eltern sich erstaunt an?

- ◯ weil Tante Adelheids Hütchen vom Kopf fällt
- ◯ weil Tante Adelheid schon graue Haare hat
- ◯ weil sie Tante Adelheid ganz anders eingeschätzt haben

10 Welcher Hexspruch könnte in der Geschichte auftauchen?

- ◯ „Eene meene Rauschebart,
  weiches Frühstücksei, sei hart!
  Hex-hex!"
- ◯ „Eene meene Schrecksekunden,
  graue Farbe ist verschwunden!"
  Hex-hex!"
- ◯ „Eene meene falsche Sorte,
  Marmorkuchen wird zur Torte!
  Hex-hex!"

Lösungen

1. einen tanzenden Rasenmäher
2. einen Marmorkuchen
3. am Samstag
4. Hemd und Hose
5. Die Zaunfarbe färbt ab.
6. Der Kuchen verbrennt.
7. Sie fängt an zu lachen.
8. weil er besonders höflich klingen möchte
9. weil sie Tante Adelheid ganz anders eingeschätzt haben
10. „Eene meene Schrecksekunden, graue Farbe ist verschwunden! Hex-hex!“

Lesen lernen mit dem Schulbuchprofi ...

... und Bibi Blocksberg mit Hexenquiz

... und den kleinen Lesedrachen mit Sachwissen-Poster von GEOlino

Die kleinen Lerndrachen – Lernen mit System

üben

Übungsbücher mit dem kompletten Stoff eines Fachs pro Schuljahr.

nachschlagen

Der komplette Stoff der Grundschulzeit zum Nachschlagen plus zahlreiche Übungen auf CD-ROM.

testen

Test-Block:
Zahlreiche Testaufgaben mit Quizcharakter plus Lösungen und ausführlicher Auswertung.

Viele weitere Titel sind im Buchhandel erhältlich.

www.klett.de/lernhilfen